ECONOMIA E CONHECIMENTO

F. A. Hayek

ECONOMIA E CONHECIMENTO

Prefácio de
Fabio Barbieri

Tradução de
Claudio A. Téllez-Zepeda

São Paulo | 2019

Impresso no Brasil, 2019

Título original: *Economics and Knowledge*
Copyright © 2015 by *MISES: Revista Interdisciplinar de Filosofia, Direito e Economia*

Os direitos desta edição pertencem ao
Instituto Ludwig von Mises Brasil
Rua Leopoldo Couto de Magalhães Júnior, 1098, Cj. 46
04.542-001. São Paulo, SP, Brasil
Telefax: 55 (11) 3704-3782
contato@mises.org.br · www.mises.org.br

Editor Responsável | Alex Catharino
Tradução | Claudio A. Téllez-Zepeda
Revisão da tradução | Márcia Xavier de Brito
Preparação dos originais | Alex Catharino
Revisão técnica | Fabio Barbieri
Revisão ortográfica e gramatical | Ubiratan Jorge Iorio
Revisão final | Márcio Scansani / Armada
Produção editorial | Alex Catharino
Capa | Mariangela Ghizellini / LVM
Projeto gráfico | Luiza Aché / BR 75
Diagramação e editoração | Laura Arbex / BR 75
Elaboração do índice remissivo | Márcio Scansani / Armada
Pré-impressão e impressão | PlenaPrint

Dados Internacionais de Catalogação na Publicação (CIP)
Angélica Ilacqua CRB-8/7057

H331e   Hayek, F. A. (Friedrich August von), 1899-1992
       Economia e conhecimento/F. A. Hayek; prefácio de Fabio Barbieri; tradução de Claudio A. Téllez-Zepeda. – São Paulo: LVM Editora, 2019.
       88 p.

       ISBN: 978-65-50520-05-2
       Título original: *Economics and Knowledge*

       1. Ciências Sociais 2. Economia 3. Livre-comércio 4.Conhecimento 5. Liberalismo I. Título II. Barbieri, Fabio III. Téllez-Zepeda, Claudio A.

19-1822   CDD 300

Índices para catálogo sistemático:
1. Ciências sociais   300

Reservados todos os direitos desta obra.
Proibida toda e qualquer reprodução integral desta edição por qualquer meio ou forma, seja eletrônica ou mecânica, fotocópia, gravação ou qualquer outro meio de reprodução sem permissão expressa do editor. A reprodução parcial é permitida, desde que citada a fonte.

Sumário

7 Nota à edição brasileira
   Alex Catharino

9 Prefácio à edição brasileira
   A Economia das Ideias, do Mundo Externo
   e da Relação Entre Eles
   Fabio Barbieri

25 Capítulo 1
   Equilíbrio: Tautologia ou Teoria Sobre
   Expectativas?

31 Capítulo 2
   Equilíbrio Individual como Consistência
   dos Planos

35	Capítulo 3 Equilíbrio nos Mercados Competitivos
39	Capítulo 4 Dados Subjetivos e a Realidade Subjacente
43	Capítulo 5 Antevisão e Equilíbrio Intertemporal
49	Capítulo 6 A Tendência ao Equilíbrio
53	Capítulo 7 Teoria sobre Aprendizado dos Agentes
59	Capítulo 8 Aprendizado em um Mundo em Transformação
65	Capítulo 9 A Divisão do Conhecimento
77	Capítulo 10 Observações Finais
81	Índice remissivo e onomástico

Nota à edição brasileira

O artigo "Economics and Knowledge" [Economia e Conhecimento] do economista, filósofo e jurista austríaco Friedrich August von Hayek (1899-1992) foi publicado originalmente em inglês na edição de 1937 do periódico acadêmico *Economica* (Volume 4, p. 33-54). Este texto é uma versão do discurso presidencial apresentado no *London Economic Club*, em 10 de novembro de 1936. O ensaio foi reimpresso como segundo capítulo do livro *Individualism and Economic Order* [*Individualismo e Ordem Econômica*], uma coletânea de ensaios acadêmicos de F. A. Hayek, lançada pela primeira vez em 1948 pela University of Chicago Press.

Em língua portuguesa o texto foi lançado originalmente, em tradução de Claudio A. Téllez-Zepeda, no ano de 2015 na Edição 5 do periódico acadêmico *MISES: Revista Interdisciplinar de Filosofia, Direito e Economia* (Número 1, Volume III, janeiro-junho de 2015), editada pelo Instituto Ludwig von Mises Brasil (IMB).

O prefácio do professor Dr. Fabio Barbieri foi escrito com exclusividade para a presente edição. A revisão técnica do ensaio de F. A. Hayek e a elaboração dos títulos para cada uma das partes do artigo, publicadas no presente volume na forma de capítulos, também, foram feitos pelo professor Barbieri, a quem expressamos aqui nossa imensa gratidão. Ao longo do texto foi necessário o acréscimo de algumas notas do editor, identificadas como (N. E.). Por fim, incluímos um índice remissivo e onomástico.

Em nome da equipe da LVM agradecemos ao professor Dr. Ubiratan Jorge Iorio, diretor acadêmico do IMB, e ao professor Dr. Adriano Paranaíba, editor da *MISES*, que gentilmente autorizaram a reimpressão desse artigo acadêmico no presente volume.

Alex Catharino
Editor Responsável da LVM Editora

Prefácio à edição brasileira
A Economia das Ideias, do Mundo Externo e da Relação Entre Eles

Fabio Barbieri

O leitor está diante do texto mais importante já publicado em teoria econômica.

Essa afirmação entusiasta, compreensivelmente, gera algum ceticismo. Afinal, *Economics and Knowledge* [*Economia e Conhecimento*], de 1937, não oferece nenhuma solução para algum grande problema econômico, como o desemprego ou a falta de crescimento econômico. Tampouco constrói algum modelo teórico popular, que possa ser aplicado a esses problemas concretos. Sequer é o artigo mais conhecido ou citado de F. A. Hayek (1899-1992): *The Use of Knowledge in Society* [*O Uso do Conhecimento na Sociedade*], de 1945, é mais lembrado. A argumentação, por fim, nem sempre é clara.

Ainda assim, a proposição inicial é verdadeira. O texto não trata de problemas concretos porque seu objetivo é mais ambicioso, abordando questões gerais da teoria econômica e, portanto, de todas as suas aplicações. Por isso, a argumentação é abstrata. Supõe, além disso, familiaridade do leitor com as questões teóricas discutidas na época em que foi escrito. Embora não desenvolva um novo modelo, propõe questões fundamentais. Não é o artigo mais citado, mas provê a pergunta que orienta as respostas que o autor desenvolve nos trabalhos subsequentes. Finalmente, não é seu texto mais claro, pois as ideias originais nele tratadas ainda estavam em processo de maturação.

Na reflexão científica e filosófica, formular adequadamente um problema é crucial. Muitas vezes, quando isso é feito, as respostas seguem naturalmente. *Economia e Conhecimento* tem o mérito de formular a pergunta relevante, não de fornecer respostas. Essa pergunta se transformou no problema que norteia o programa de pesquisa conhecido como a teoria austríaca de processo de mercado. A questão original, porém, não se limita a essa teoria, lançando luz sobre um dilema que diz respeito a toda teoria econômica. Este prefácio expõe esse problema, sua relação com o dilema aludido e ilustra as ideias centrais do texto a partir da sua relação com o desenvolvimento da teoria econômica na época que foi escrito.

A pergunta central do texto transforma a Economia em um ramo da Filosofia: de que maneira o conhecimento dos agentes econômicos gradualmente se aproxima ou não do (e no limite corresponde ao) mundo externo? Em outros termos, se quiser dar conta dos fenômenos observados na esfera econômica, o economista deve propor uma teoria sobre o aprendizado dos agentes. Assim como o filósofo se pergunta sobre o que podemos saber sobre o mundo, o economista investiga como os agentes econômicos adquirem o conhecimento sobre os mercados.

Essa questão é formulada a partir da reflexão sobre o significado da noção de equilíbrio. Este, para Hayek, se relaciona com o conceito de compatibilidade de planos. Para o autor, as ciências sociais em geral e a economia em particular devem explicar a emergência de um estado de coisas no qual ocorre a coordenação das ações individuais, a partir de planos compatíveis entre si. A quantidade de conhecimento necessário para que essa coordenação ocorra, contudo, supera em larga margem aquilo que pode ser conscientemente sabido de maneira centralizada, por qualquer grupo de indivíduos. As pessoas planejam suas ações tendo em vista as necessidades, a disponibilidade de recursos e as maneiras de transformá-los em coisas úteis. Esses fundamentos do problema da coordenação variam conforme o indivíduo, o local e o instante do tempo: pessoas diferentes têm propósitos diversos e cambiantes, os recursos diferem segundo especificidades locais e a tecnologia se altera ao longo do tempo.

O reconhecimento da complexidade envolvida no problema de como fazer o melhor uso possível dos recursos, adaptando-o as necessidades mais urgentes identificadas pelas pessoas, implica no reconhecimento do caráter falível do conhecimento nos mercados. Se as hipóteses empresariais são potencialmente errôneas, os planos de ação podem se tornar incompatíveis: um agente pretende construir um sistema de balsas para a travessia de um rio, sem saber que outro pretende construir uma ponte.

Como a observação concreta do mundo econômico revela algum grau de ordem em vez do caos (não existe, por exemplo, fila de espera de um ano para adquirir uma pizza), é necessário explicar como, mesmo com o fluxo contínuo de alterações dos fundamentos listados, o conhecimento potencialmente errôneo é corrigido em algum grau. Em outras palavras, explicar a compatibilidade de planos requer uma teoria sobre o aprendizado dos agentes.

No programa de pesquisa de Hayek, as teorias sobre a competição nos mercados, moeda, capital ou a teoria sobre a evolução das instituições dizem respeito ao aprendizado e coordenação de planos em geral, nas trocas indiretas, na alocação intertemporal de recursos e nas regras de interação social, ao passo que a teoria dos ciclos trata do acúmulo de erros e consequente descoordenação de planos intertemporais de produção e consumo.

A perspectiva hayekiana sobre aprendizado reúne dois elementos necessários para uma boa análise econômica, um subjetivo e outro objetivo. De um lado, temos os fenômenos mentais que dão sentido às ações individuais. De outro, temos o mundo externo a esse planejamento individual, como os recursos, a tecnologia e até mesmo os planos subjetivos dos demais agentes. Os caminhos equivocados trilhados pelos economistas podem ser interpretados como tentativas de enfatizar um desses elementos em detrimento do outro. Um dilema central da teoria consiste então no seguinte: enfatizar apenas um dos dois aspectos tem a vantagem de simplificar a tarefa de construir uma teoria, mas implica nos erros derivados da negligência do outro.

Como enfatizou Ludwig von Mises (1881-1973), a economia é uma ciência sobre as pessoas, não sobre objetos de riqueza. F. A. Hayek, por sua vez, notou que todo avanço na disciplina no último século foi fruto da incorporação de elementos subjetivos, como preferências, planos, expectativas e criatividade. Uma abordagem exclusivamente baseada em elementos mentais, o subjetivismo radical, incorre nos vícios inerentes ao desprezo pelas maneiras como o mundo externo limita o caráter criativo da mente humana. Tratar as expectativas como se fossem algo completamente descolado dos fundamentos é uma manifestação desse problema. Segundo algumas opiniões sobre questões macroeconômicas, o estado das expectativas é tratado como algo puramente psicológico, como se não tivesse correlação com erros passados. Aparentemente, se um psiquiatra misturasse algum remédio no reservatório de águas da cidade, a economia poderia se recuperar.

Algo oposto ocorre quando se supõe que o conhecimento dos agentes corresponde automaticamente ao mundo exterior. Boa parte das opiniões sobre temas microeconômicos considera que as firmas "conhecem", não interpretam, as possibilidades produtivas disponíveis, como se o conhecimento sobre isso não dependesse da elaboração de hipóteses por parte de empresários, que ativamente buscam soluções rivais para problemas mercadológicos. Um dos vícios derivados dessa postura se revela quando a riqueza é tratada como algo material, independente das decisões individuais, como ocorria na economia da primeira metade do século XIX. Se rendimentos forem algo que brota automaticamente da posse de um recurso, como se fossem bolos fermentando ou plantas crescendo por si próprias, obtemos uma visão de mundo extremamente simplista, mecanicista, sobre o funcionamento das economias e a única questão que resta é a distribuição justa da posse dessa fonte automática de riqueza.

O artigo de Hayek que discutimos agora, por outro lado, oferece uma saída para o dilema, pois busca fundamentar as teorias econômicas em um modelo de aprendizado, que investiga como as ideias dos agentes convergem ou não para os fundamentos reais da economia. Essa perspectiva reúne, portanto, tanto o caráter criador e falível do conhecimento quanto alguma representação das maneiras como o mundo externo limita o que pode ser imaginado e de fato realizado.

A reunião entre os dois elementos, o subjetivismo e a complexidade do problema alocativo, se faz presente nas preocupações teóricas de Hayek na década de trinta. No desenvolvimento da teoria dos ciclos econômicos, o autor critica o uso *ad hoc* das expectativas e do conceito de equilíbrio. Nas antigas explicações não monetárias do ciclo, os mercados funcionavam ou não conforme a conveniência do teórico, sem que se ofereça de início alguma explicação consistente sobre as ocasiões que eles funcionariam ou não. Hayek considera que uma teoria adequada sobre crises, isto é, sobre a descoordenação nos mercados, deva partir de uma situação inicial de coordenação. Ao defender, antes da década de trinta do século XX, a tese de que uma teoria sobre ciclos deve ser fundamentada em uma teoria de equilíbrio intertemporal, Hayek desenvolve um referencial para explicar como as expectativas divergem dos fundamentos em uma concentração de erros simultâneos. Nesse ambiente surge a questão do presente artigo, a necessidade de uma teoria sobre o aprendizado dos agentes.

No debate sobre o cálculo econômico no socialismo, já na década de 1930, o nosso problema também é central. Os modelos de "socialismo de mercado" supunham que os agentes detinham, de forma descentralizada, o conhecimento sobre o que deveria ser produzido e quais eram as formas de fazê-lo. Supondo implicitamente que o conhecimento dos agentes corresponde automaticamente ao mundo real e que este último não esteja sujeito a um fluxo contínuo de mudanças, a tarefa de planificar a economia aparenta ser bem mais simples: firmas estatais apenas seguiriam ordens de igualar preço a custos marginais para que a eficiência de mercados competitivos fosse replicada.

Hayek, em contraste, lembra dos elementos subjetivos que desaparecem da visão mecanicista, derivada de uma interpretação ingênua do modelo de equilíbrio geral, que ignora como o conhecimento sobre os fundamentos é obtido. Fora do equilíbrio, por exemplo, as regras de custo não seriam operacionalizáveis: como saber qual seria o custo marginal que prevaleceria sob competição se qualquer atividade competitiva, que consiste essencialmente em discordar das opiniões prevalecentes, for barrada institucionalmente? Nos mercados, o conhecimento sob as melhores maneiras de prover um serviço depende de experimentação prévia. No modelo, supõe-se que de alguma forma a tecnologia é "dada". Isso, porém, é uma petição de princípio, que parte daquilo que se quer explicar.

A teoria austríaca de processo toma forma a partir da crítica ao socialismo de mercado. Os defensores deste tipo de "solução" do problema do cálculo transferiram para o complexo mundo real a simplicidade do modelo que originalmente pretendia explicar alguns aspectos dos mercados. O programa austríaco, com contraste, enfatiza os elementos da competição real que ficaram de fora do modelo, em particular elementos subjetivos, como a atividade empresarial.

Tanto o estudo dos mercados quanto o dos ciclos requerem então a integração dos planos subjetivos com a complexidade do problema alocativo em uma teoria sobre aprendizado dos agentes. Em *Economia e Conhecimento*, Hayek articula uma argumentação abstrata sobre a importância dessa teoria. Exposto o problema, vamos comentar algo sobre sua solução.

Na seção final de seu texto, Hayek deixa explícito que sua tese sobre a necessidade de uma explicação sobre o aprendizado dos agentes não implica em absoluto em pesquisa empírica sobre como os agentes concretamente adquirem conhecimento, como por vezes é sugerido por comentadores. O que se sugere é uma *teoria* sobre aprendizado. De fato, os artigos subsequentes do autor sobre mesmo tema esboçam tal teoria.

Sugerimos ao leitor que leia, depois de *Economia e Conhecimento*, os seguintes textos. No já citado *O Uso do Conhecimento na Sociedade*, Hayek mostra como o uso do sistema de preços é crucial para que ocorra aprendizado: o lucro ou prejuízo obtido com os projetos corrobora ou refuta as hipóteses dos empresários sobre as condições locais dos mercados. Os preços de mercado, que refletem as opiniões dos agentes sobre o valor dos recursos escassos utilizáveis em miríades de usos alternativos, formam uma linguagem, um sistema de comunicação entre agentes que "conversam" entre si sobre o que fazer com os recursos. Se um minério se tornar escasso, todos passam a economizar seu uso, sem que nenhum deles saiba nada sobre mineração. O uso desse sistema de comunicação permite contornar as limitações do conhecimento: sem preços, um planejador central deveria ser onisciente para que o valor de todas as alternativas fosse levado em conta. Em *The Meaning of Competition* [*O Significado da Competição*], de 1946, Hayek critica uma interpretação comum da teoria de competição perfeita. Ao tratar apenas do estado final de equilíbrio, depois que ocorre o processo de aprendizado, a teoria ignora as atividades competitivas que proporcionam a descoberta daquilo que é considerado como dado do modelo. Em outros termos, sem processo, não existe equilíbrio. Regulações que pretendem emular um equilíbrio competitivo podem barrar atividades competitivas, como a experimentação com variações nos preços, nas condições e nos próprios bens e suas características. Para Hayek, o mercado não deve ser apreciado somente em termos da capacidade maior ou menor de gerar alocações eficientes de recursos conhecidos, mas pela capacidade de criar novas maneiras de atender as necessidades. Esse é o tema de *Der Wettbewerb als Entdeckungsverfahren* [*Competição como um Procedimento de Descoberta*], de 1968. Nesse texto, a teoria austríaca de processo de mercado assume a forma de um modelo explicitamente evolucionário de aprendizado. Para que ocorra aprendizado, é necessária a variação, que requer liberdade empresarial, e a seleção, provida pelo cálculo de lucros e perdas.

Depois dessa breve visita ao programa de pesquisa de Hayek, precisamos dizer algo sobre outro erro de interpretação. Além de não sugerir pesquisa empírica sobre aprendizado, mas sim uma teoria sobre aprendizado, essa teoria não é mera precursora da moderna economia da informação assimétrica, como sugerem alguns autores que contribuíram com o desenvolvimento desta última, mas sim algo mais geral. Modelos dessa tradição tratam da assimetria de informações entre, por exemplo, empregadores e empregados a respeito do esforço empreendido por esses últimos, compradores e vendedores sobre a qualidade do bem transacionado ou bancos e empresários sobre a capacidade desses honrarem empréstimos. Por mais interessantes que esses problemas possam ser, o modelo supõe que a estrutura do mercado é conhecida: os agentes diferem apenas em termos dos conjuntos de informação que detém sobre os valores de algumas variáveis. A abordagem hayekiana, por outro lado, não trata de informação, mas de conhecimento: os agentes mantêm teorias ou interpretações diferentes sobre mercados, mesmo que todos tenham acesso às mesmas informações. A essência da competição nos mercados é a rivalidade entre essas teorias. Em termos filosóficos, a abordagem convencional ainda assume uma concepção indutiva sobre o progresso do conhecimento, composto por acúmulo de dados seguido de generalizações indutivas. A abordagem austríaca, assim como a filosofia da ciência moderna, parte de hipóteses empresariais diversas, posteriormente testadas no mercado.

O conjunto de reflexões suscitadas pelo presente trabalho é infindável. Porém, essa introdução ao texto deve ser finita. Sugerimos, portanto, ao leitor que mantenha este livreto em bom estado de conservação, pois a releitura de *Economia e Conhecimento* é necessária a cada ano, como o autor deste prefácio tem feito nos últimos vinte e cinco anos. Conforme enfrentamos continuamente as dificuldades inerentes às nossas tentativas de compreender os mais diversos fenômenos econômicos, sempre aprendemos algo a mais quando visitamos novamente o texto que trata das questões mais fundamentais da teoria.

ECONOMIA E CONHECIMENTO

Capítulo 1
Equilíbrio: Tautologia ou teoria sobre expectativas?

A ambiguidade do título deste ensaio não é acidental. Seu tema principal é, obviamente, o papel que os pressupostos e as proposições acerca do conhecimento, possuídos pelos diferentes membros da sociedade, desempenham na análise econômica. Mas isto não está, de forma alguma, desconectado da outra questão que poderia ser discutida sob o mesmo título – a questão de em que medida a análise econômica formal transmite qualquer conhecimento a respeito do que ocorre no mundo real. De fato, meu principal argumento será que tautologias, que são do que consiste essencialmente a análise formal do equilíbrio em economia, podem ser transformadas em proposições que nos dizem alguma coisa acerca da causação no mundo real somente na medida em que somos capazes de preencher essas proposições formais com declarações definidas sobre como o conhecimento é adquirido e comunicado. Em resumo, defenderei que o elemento empírico na teoria econômica – a única parte que se preocupa não somente com as implicações, mas também com as causas e efeitos, e que conduz, portanto, a conclusões que, de qualquer forma, em princípio são capazes de verificação[1] – consiste de proposições sobre a aquisição do conhecimento.

Talvez deva começar recordando acerca do fato interessante de que em grande quantidade das tentativas mais recentes, realizadas em diferentes campos, para conduzir a pesquisa teórica para além dos limites da análise de equilíbrio tradicional, a resposta prontamente mostrou-se voltar para os pressupostos que fazemos com respeito a um ponto que, se não é idêntico ao meu, o é ao menos parcialmente, a saber, com relação à previsão. Acredito que o campo no qual, conforme esperaríamos, a discussão dos pressupostos no que diz respeito à previsão atraiu primeiramente a atenção mais abrangente foi a teoria

---

[1] Ou, mais propriamente, falsificação. Ver: POPPER, Karl. R. *Logik der Forschung*. Wien: Springer, 1935. *Passim*. [Em língua portuguesa, ver: POPPER, Karl R. *A Lógica da Pesquisa Científica*. Trad. Leônidas Hegenberg & Octanny Silveira da Mota. São Paulo: Cultrix, 1974. (N. E.)].

do risco[2]. O estímulo que foi exercido a este respeito pelo trabalho de Frank H. Knight (1885-1972) pode ainda vir a exercer uma profunda influência, para muito além de seu campo específico. Não foi senão muito mais tarde que os pressupostos a serem feitos no que concerne à previsão mostraram-se de fundamental importância para a solução de enigmas na teoria da competição imperfeita, as questões sobre duopólio e oligopólio. Desde então, tornou-se mais e mais óbvio que, no tratamento das questões mais "dinâmicas" da moeda e das flutuações industriais, os pressupostos a serem feitos sobre previsões e "antecipações" desempenham um papel igualmente central e que, em particular, os conceitos que foram introduzidos nesses campos a partir da pura análise do equilíbrio, tal como aqueles de uma taxa de juros de equilíbrio, poderiam ser adequadamente definidos somente em termos de pressupostos relativos à previsão. A situação aqui parece ser que, antes de que possamos explicar por que as pessoas cometem erros, devemos primeiramente explicar por que elas deveriam alguma vez estar certas.

---

[2] Uma exposição panorâmica mais completa do processo por meio do qual a importância das antecipações foi gradualmente introduzida na análise econômica provavelmente teria que começar com FISHER, Irving. *Appreciation and Interest*. New York: Macmillan, 1896.

Em geral, parece que chegamos a um ponto no qual todos percebemos que o próprio conceito de equilíbrio pode ser tornado claro e definido somente em termos de pressupostos relativos à previsão, embora ainda possamos não concordar exatamente a respeito de exatamente quais são esses pressupostos essenciais. Esta questão irá me ocupar mais adiante neste ensaio. No momento, preocupo-me somente em mostrar que, na atual conjuntura, quer queiramos definir as fronteiras da estática econômica, quer desejemos transcendê--la, não podemos escapar do disputado problema a respeito da posição exata que os pressupostos sobre a previsão devem ocupar em nosso raciocínio. Pode isto ser meramente acidental?

Conforme já sugeri, a razão para isto parece-me ser que precisamos lidar, aqui, somente com um aspecto especial de uma questão muito mais vasta e que deveríamos ter enfrentado em um estágio muito anterior. Questões essencialmente similares àquelas mencionadas emergem, de fato, assim que tentamos aplicar o sistema de tautologias – aquelas séries de proposições que são necessariamente verdadeiras por consistirem meramente de transformações dos pressupostos a partir dos quais começamos, e que constituem o principal conteúdo da análise de equilíbrio – ao caso de uma sociedade composta de diversas pessoas independentes. Sinto, há muito tempo, que o próprio conceito de equilíbrio e os métodos que empregamos na análise pura têm um significado claro somente quando confinados à análise de uma única pessoa e que realmente estamos passando para uma outra esfera e introduzindo silenciosamente um novo elemento, de caráter totalmente diferente, quando o aplicamos à explicação das interações de um certo número de indivíduos diferentes.

Estou certo de que há muitos que veem com impaciência e desconfiança a tendência, inerente a toda análise moderna do equilíbrio, de transformar a economia em um ramo da lógica pura, um conjunto de proposições auto-evidentes que, assim como a matemática ou a geometria, não estão sujeitas a nenhum outro teste que não seja a consistência interna. Mas parece que, se ao menos esse processo for levado suficientemente longe, carregará consigo seu próprio remédio. Ao destilar, a partir de nosso raciocínio sobre os fatos da vida econômica, aquelas partes que são verdadeiras *a priori*, não somente isolamos um elemento de nosso raciocínio como um tipo de Pura Lógica da Escolha em toda a sua pureza, mas também isolamos e enfatizamos a importância de um outro elemento que tem sido muito negligenciado. Minha crítica às tendências recentes de tornar a teoria econômica mais e mais formal não é que tenham ido longe demais, mas sim que ainda não foram longe o suficiente para completar o isolamento deste ramo da lógica e para restaurar a investigação dos processos causais ao seu lugar legítimo, utilizando a teoria econômica formal como uma ferramenta, do mesmo modo como a matemática.

Capítulo 2
Equilíbrio Individual como Consistência dos Planos

Mas antes de poder provar minha asserção de que as proposições tautológicas da análise pura do equilíbrio, como tal, não são diretamente aplicáveis à explicação das relações sociais, devo primeiramente mostrar que o conceito de equilíbrio *tem* um significado claro se aplicado às ações de um único indivíduo e qual é este significado. Contra minha afirmação, pode ser argumentado que é precisamente aqui que o conceito de equilíbrio não tem significado, pois, se desejamos aplicá-lo, tudo o que se poderia dizer é que uma pessoa isolada estaria sempre em equilíbrio. Porém esta última declaração, embora seja um truísmo, nada mostra além da maneira na qual o conceito de equilíbrio é tipicamente mal-empregado. O que é relevante não é se uma pessoa como tal está ou não em equilíbrio, mas quais de suas ações permanecem em relações de equilíbrio umas para com as outras. Todas as proposições da análise de equilíbrio, tal como a proposição de que valores relativos corresponderão a custos relativos, ou que uma pessoa igualará os retornos marginais de qualquer fator em seus diferentes usos, são proposições sobre as relações entre ações. Pode ser dito que as ações de uma pessoa estão em equilíbrio na medida em que podem ser entendidas como parte de um plano. Somente se esse for o caso, somente se todas essas ações foram decididas em um único e mesmo instante, e levando em consideração o mesmo conjunto de circunstâncias, nossas afirmações sobre suas interconexões, as quais deduzimos a partir de nossos pressupostos sobre o conhecimento e as preferências da pessoa, terão alguma aplicação. É importante recordar que os assim chamados "dados", a partir dos quais começamos neste tipo de análise, são (além de suas preferências) todos os fatos considerados pela pessoa em questão, as coisas tais como sabe (ou acredita) que existem, ao invés de, falando estritamente, fatos objetivos. É somente por causa disso que as proposições que deduzimos são necessariamente válidas *a priori* e que preservamos a consistência do argumento[3].

---

[3] A esse respeito, ver: MISES, Ludwig von. *Grundprobleme der Nationalökonomie: Untersuchungen* über *Verfahren, Aufgaben und Inhalt der Wirtschafts und Gesellschaftslehre*. Jena: Fischer, 1933. p. 22ss, 160ss. [A obra será lançada em português pela

As duas principais conclusões a partir dessas considerações são, primeiro, que, desde que relações de equilíbrio existem entre as ações sucessivas de uma pessoa somente na medida em que são parte da execução do mesmo plano, qualquer mudança no conhecimento relevante da pessoa, isto é, qualquer mudança que a leve a alterar seu plano, perturba a relação de equilíbrio existente entre suas ações realizadas antes e aquelas levadas a cabo após a mudança em seu conhecimento. Em outras palavras, a relação de equilíbrio compreende somente suas ações durante o período no qual suas antecipações mostraram-se corretas. Em segundo lugar, dado que o equilíbrio é uma relação entre ações, e dado que as ações de uma pessoa devem necessariamente ocorrer sucessivamente no tempo, é óbvio que a passagem do tempo é essencial para dar significado ao conceito de equilíbrio. Isto merece menção, dado que muitos economistas parecem ser incapazes de encontrar lugar para o tempo na análise de equilíbrio e, consequentemente, sugerem que o equilíbrio deve ser concebido como atemporal. Isto parece-me ser uma afirmação sem sentido.

LVM Editora com o título *Problemas Epistemológicos da Economia*. Esgotado em alemão, o livro se encontra disponível na seguinte edição em inglês: MISES, Ludwig von. *Epistemological Problems of Economics*. Ed. e pref. Bettina Bien Greaves; trad. George Reisman. Indianapolis: Liberty Fund, 2013. (N. E.)].

Capítulo 3
Equilíbrio nos Mercados Competitivos

Agora, a despeito do que disse anteriormente sobre o significado duvidoso da análise de equilíbrio nesse sentido, caso aplicada às condições de uma sociedade competitiva, obviamente não desejo negar que o conceito foi introduzido originalmente precisamente para descrever a ideia de algum tipo de balanço entre as ações de diferentes indivíduos. Tudo o que argumentei até agora é que o sentido no qual utilizamos o conceito de equilíbrio para descrever a interdependência entre as diferentes ações de uma pessoa não admite imediatamente a sua aplicação às relações entre as ações de diferentes pessoas. A questão realmente é a respeito do uso que fazemos do conceito quando falamos acerca do equilíbrio com relação a um sistema competitivo.

A primeira resposta que parece decorrer de nossa abordagem é que o equilíbrio nesse contexto existe se as ações de todos os membros da sociedade durante um período consistirem das execuções de seus respectivos planos individuais, decididos por cada um, no início do período. Contudo, quando investigamos mais sobre as exatas implicações disso, parece que esta resposta cria mais dificuldades do que resolve. Não há nenhuma dificuldade especial a respeito do conceito de uma pessoa isolada (ou de um grupo de pessoas dirigidas por uma delas) agindo ao longo de um período de tempo, de acordo com um plano preconcebido. Nesse caso, o plano não precisa satisfazer nenhum critério especial para que sua execução seja concebível. Pode, obviamente, basear-se em pressupostos equivocados no que diz respeito aos fatos externos e, por causa disto, pode precisar passar por modificações. Mas sempre haverá um conjunto concebível de eventos externos que tornarão possível executar o plano tal como originalmente imaginado.

A situação é diferente, contudo, com planos determinados de maneira simultânea, porém independente, por um dado número de pessoas. No primeiro caso, para que todos esses planos possam ser realizados, é necessário que estejam baseados na expectativa de um mesmo conjunto de eventos externos, pois, se pessoas diferentes basearem seus planos em expectativas conflitantes, nenhum conjunto de eventos externos poderá tornar possível a execução de todos esses planos. E, em segundo lugar, em uma sociedade baseada em trocas, seus planos irão, em considerável medida, requerer ações que exigirão ações correspondentes por parte de outros indivíduos. Isso significa que os planos de indivíduos diferentes devem, em um sentido especial, ser compatíveis, para que possa ser ainda concebível que sejam capazes de realizá-los todos[4]. Ou, para colocar a mesma coisa em palavras diferentes, dado que alguns dos "dados" sobre os quais uma dada pessoa baseia seus planos serão a expectativa de que outra pessoa agirá de um modo particular, é essencial, para a compatibilidade dos planos diferentes, que os planos de um contenham exatamente aquelas ações que formam os dados para os planos do outro.

No tratamento tradicional da análise de equilíbrio, parte dessa dificuldade aparentemente é evitada pelo pressuposto de que os dados, na forma de relações de demanda representando os gostos individuais e os fatos técnicos, são igualmente dados para todos os indivíduos e que suas ações, com base nas mesmas premissas, farão, de alguma forma, com que seus pla-

---

[4] Estou há muito tempo surpreso a respeito de por que, ao menos no que é de meu conhecimento, não têm havido tentativas sistemáticas na Sociologia para analisar relações sociais em termos de correspondência e não correspondência, ou compatibilidade e não compatibilidade de objetivos e desejos individuais.

nos se tornem adaptados uns aos outros. Tem sido frequentemente observado que isso realmente não supera a dificuldade criada pelo fato de que as ações de uma pessoa correspondem aos dados de outra pessoa, e que isso envolve algum grau de raciocínio circular. O que, entretanto, parece estar longe de ter escapado à atenção é que todo esse procedimento envolve uma confusão de caráter muito mais geral, a respeito do qual o ponto mencionado é meramente um caso especial, que se deve a um equívoco a respeito do termo "dado". Os dados, que aqui são supostos como sendo fatos objetivos e também que são os mesmos para todas as pessoas, evidentemente não são a mesma coisa que os dados que constituíram o ponto de partida para as transformações tautológicas da Pura Lógica da Escolha. Lá, "dados" significam os fatos, e somente aqueles fatos, que estavam presentes na mente da pessoa atuante, e somente essa interpretação subjetiva do termo "dado" tornou essas proposições necessariamente verdadeiras. "Dado" significa algo que é dado, conhecido, pela pessoa sob consideração. Entretanto, na transição a partir da análise da ação de um indivíduo para a análise da situação em uma sociedade, o conceito passou por uma insidiosa mudança de significado.

Capítulo 4
Dados Subjetivos e a Realidade Subjacente

A confusão sobre o conceito de dado está na base de muitas de nossas dificuldades nesse campo e é necessário considerá-lo com um pouco mais de atenção. Dado significa, obviamente, algo que é dado, porém a questão que permanece aberta, e a qual é capaz de receber, nas ciências sociais, duas respostas diferentes, é para *quem* supõe-se que os fatos são dados. Os economistas parecem estar, inconscientemente, sempre de certo modo desconfortáveis a respeito deste ponto, e reafirmam-se contra a sensação de que não sabem de fato para quem os dados foram dados, sublinhando o fato de que *foram* dados – mesmo que seja utilizando expressões pleonásticas tais como "dados dados"[5]. Porém, isto não responde à questão

---

[5] No original, *"given data"*. (N. T.)

de se os fatos aos quais supostamente se referem são dados ao economista observador ou às pessoas cujas ações deseja explicar e, caso seja para essas últimas, se é assumido que os mesmos fatos são conhecidos por todas as diferentes pessoas no sistema ou se os "dados" podem ser diferentes para pessoas distintas.

Parece não haver dúvida possível de que esses dois conceitos de "dados", por um lado, no sentido de fatos reais objetivos, como supõe-se que o economista observador os conhece, e, por outro lado, no sentido subjetivo, como coisas que são conhecidas pelas pessoas cujos comportamentos tentamos explicar, são, na realidade, fundamentalmente diferentes e precisam ser distinguidos cuidadosamente. E, conforme veremos, a questão de por que os dados no sentido subjetivo do termo deveriam corresponder aos dados objetivos é um dos principais problemas que precisamos responder.

A utilidade da distinção torna-se imediatamente aparente quando aplicada à questão sobre o que podemos querer dizer através do conceito de uma sociedade estar em algum momento em estado de equilíbrio. Existem evidentemente dois sentidos nos quais pode ser dito que os dados subjetivos, mantidos por diferentes pessoas, e os planos individuais, que necessariamente decorrem deles, encontram-se em concordância. Podemos querer dizer meramente que esses planos são mutuamente compatíveis e que há, consequentemente, um conjunto concebível de eventos externos capaz de permitir que todas as pessoas realizem seus planos sem causar quaisquer desapontamentos. Se essa compatibilidade mútua de intenções não fosse dada, e se, em consequência, nenhum conjunto de eventos externos puder satisfazer a todas as expectativas, poderíamos claramente dizer que este não é um estado de equilíbrio. Temos uma situação na qual uma revisão dos planos, por parte de ao menos algumas pessoas, é inevitável, ou, para usar uma frase que, no passado, tinha um significado um tanto vago, mas que parece adequar-se perfeitamente a essa situação, tem-se uma situação na qual as perturbações endógenas são inevitáveis.

Ainda resta, contudo, a outra questão, de se os conjuntos individuais de dados subjetivos correspondem aos dados objetivos e se, em consequência, as expectativas sobre as quais os planos estavam baseados são corroboradas pelos fatos. Se a correspondência entre os dados, neste sentido, fosse necessária para o equilíbrio, nunca seria possível decidir de outra maneira senão em retrospecto, no final do período para o qual as pessoas tivessem planejado, se a sociedade estava em equilíbrio no início. Parece estar em mais conformidade com o uso estabelecido dizer, em tal caso, que o equilíbrio, tal como definido no primeiro sentido, pode ser perturbado por um desenvolvimento não antecipado dos dados (objetivos) e descrever isto como uma perturbação exógena. De fato, dificilmente parece possível atribuir qualquer sentido definido ao conceito bastante utilizado de mudança nos dados (objetivos), a menos que diferenciemos entre os desenvolvimentos externos, em conformidade com, e aqueles diferentes de, aquilo que tinha sido esperado, e definir como uma "mudança" qualquer divergência entre o desenvolvimento atual e o esperado, independentemente de tratar-se de uma "mudança" em algum sentido absoluto. Se, por exemplo, as alternâncias entre as estações cessassem subitamente e o clima permanecesse constante a partir de um determinado dia, isto certamente representaria uma mudança dos dados no nosso sentido, isto é, uma mudança relativa às expectativas, embora em um sentido absoluto isto não representaria uma mudança, mas sim a ausência de mudança. Mas tudo isso quer dizer que podemos falar de uma mudança nos dados somente se o equilíbrio, no primeiro sentido, existe, isto é, se as expectativas coincidem. Se estão em conflito, qualquer desenvolvimento desses fatos externos poderia suportar as expectativas de alguém e decepcionar aquelas dos outros, e não haveria possibilidade de decidir qual correspondeu a uma mudança nos dados objetivos[6].

---

[6] Ver o seguinte artigo: HAYEK, F. A. "The Maintenance of Capital". *Economica (New Series)*, Volume 2, Number 7 (August 1935): 241-76. Cit. p. 265. Reimpresso em: HAYEK, F. A. *Profits, Interest, and Investment, and Other Essays on the Theory of Industrial Fluctuations*. London: Routledge, 1939.

Capítulo 5
Antevisão e Equilíbrio Intertemporal

Para uma sociedade, então, *podemos* falar em um *estado* de equilíbrio em um momento do tempo – mas isto significa somente que os diferentes planos que os indivíduos elaboraram para a ação nesse momento são mutuamente compatíveis. E o equilíbrio continuará, uma vez que existe, enquanto os dados externos corresponderem às expectativas comuns de todos os membros da sociedade. O prosseguimento de um estado de equilíbrio, neste sentido, não é, então, dependente dos dados objetivos serem constantes em um sentido absoluto, e não está necessariamente confinado a um processo estacionário. A análise do equilíbrio torna-se, em princípio, aplicável a uma sociedade progressiva e àquelas relações de preços intertemporais que nos têm dado tanto trabalho nos últimos tempos[7].

---

[7] Essa separação entre o conceito de equilíbrio e o de estado estacionário parece-me não ser mais que o resultado necessário de um processo que está em andamento há bastante tempo. Na atualidade, é sentimento geral que essa associação entre os dois conceitos não é essencial, mas sim deve-se unicamente a razões históricas. Se a separação completa ainda não foi levada a cabo, isso aparentemente ocorre só porque ainda não foi sugerida nenhuma definição alternativa de estado de equilíbrio que possibilite exprimir, em uma forma geral, aquelas proposições da análise de equilíbrio que são essencialmente independentes do conceito de um estado estacionário. Contudo, é evidente que a maioria das proposições da análise de equilíbrio não deveriam ser aplicáveis somente àquele estado estacionário que provavelmente jamais será alcançado. O processo de separação parece ter começado com Alfred Marshall (1842-1924) e sua distinção entre equilíbrios de longo e curto prazo. Ver, por exemplo, declarações tais como esta: *"Pois a natureza do próprio equilíbrio, e a das causas pelas quais é determinado, dependem da duração do período sobre o qual considera-se que o mercado se estende"* (MARSHALL, Alfred. *Principles of Economics: An Introductory Volume*. London: Macmillan, 7th ed., 1916. Vol. I, p. 330 [Em língua portuguesa, ver: MARSHALL, Alfred. *Princípios de Economia*. Intr. Ottolmy Strauch; trad. Rômulo Almeida e Ottolmy Strauch. São Paulo: Abril Cultural, 1982. (N. E.)]). A ideia de um estado de equilíbrio que não era um estado estacionário já estava inerente em meu seguinte trabalho: HAYEK, F. A. "Das intertemporale Gleichgewichtssystem der Preise und die Bewegungen des 'Geldwertes'". *Weltwirtschaftliches Archiv*, Volume 28 (1928): 33-76. É, claramente, essencial, se desejamos utilizar o aparato do equilíbrio para explicar qualquer um dos fenômenos relacionados ao "investimento". A respeito da totalidade do assunto, bastante informação histórica pode ser encontrada em: SCHAMS, Ewald. "Komparative-Statik". *Zeitschrift fur Na-*

Tais considerações parecem iluminar consideravelmente a relação entre o equilíbrio e a previsão, a qual tem sido, de certa forma, calorosamente debatida ultimamente[8]. Parece que o conceito de equilíbrio significa meramente que a previsão dos diferentes membros da sociedade está, em um sentido especial, correta. Deve estar correta no sentido de que o plano de qualquer pessoa se baseia na expectativa exatamente daquelas ações das demais pessoas que aquelas outras pessoas pretendem realizar, e que todos esses planos estão baseados na expectativa do mesmo conjunto de fatos externos, de maneira que, sob certas condições, ninguém terá nenhum motivo para modificar seus planos. Assim, a previsão correta não é, como algumas vezes foi interpretada, uma pré-condição que deve existir para que o equilíbrio possa ser atingido. É, mais propriamente, a característica definidora de um estado de equilíbrio. A previsão, para este propósito, tampouco precisa ser perfeita no sentido de que precisa estender-se ao futuro indefinido ou que todos devem antever tudo correta-

---

tionalokonomie, Volume 2, Number 1 (1931): 27-61. Ver, também: KNIGHT, Frank H. *The Ethics of Competition*. London: G. Allen & Unwin, 1935. p. 175n. Para mais desenvolvimentos desde a primeira publicação deste ensaio, ver o Capítulo 2 da seguinte obra: HAYEK, F. A. *The Pure Theory of Capital*. London: Routledge & K. Paul, 1941.

[8] Ver, em particular: MORGENSTERN, Oskar. "Vollkommene Voraussicht und wirtschaftliches Gleichgewicht". *Zeitschrift für Nationalökonomie*, Volume 6, Number 3 (1935): 337-57.

mente. Devemos, mais propriamente, dizer que o equilíbrio durará enquanto as antecipações se mostrarem corretas, e que precisam ser corretas somente naqueles pontos relevantes para as decisões dos indivíduos. Porém desenvolverei mais tarde essa questão, acerca do que é previsão ou conhecimento relevante.

Antes de seguir adiante, provavelmente devo parar por um momento para ilustrar, por meio de um exemplo concreto, o que acabei de dizer sobre o significado de um estado de equilíbrio e como ele pode ser perturbado. Considere os preparativos que ocorrem em um momento qualquer para a fabricação de casas. Oleiros, encanadores e outros estarão todos produzindo materiais que, em cada caso, corresponderão a uma certa quantidade de casas para a qual exatamente esta quantidade do material em particular será requerida. Podemos pensar de maneira semelhante acerca dos potenciais compradores que acumulam as poupanças que lhes possibilitarão, em determinadas datas, adquirir um certo número de casas. Se todas essas atividades representam preparações para a produção (e aquisição) da mesma quantidade de casas, podemos dizer que há um equilíbrio, no sentido de que todas as pessoas envolvidas nessas atividades podem descobrir que serão capazes de realizar seus planos[9]. Isto

---

[9] Um outro exemplo, de importância mais geral, seria, obviamente, a correspondência entre "investimento" e "poupança" no sen-

não precisa ocorrer, porque outras circunstâncias, que não fazem parte de seus planos de ação, podem vir a ser diferentes daquilo que esperavam. Parte dos materiais podem ser destruídos por um acidente, condições climáticas podem tornar a construção impossível, ou uma invenção pode alterar as proporções nas quais os diferentes fatores são demandados. Isto é o que chamamos de uma mudança nos dados (externos), que perturba o equilíbrio que existia. Mas, se os diferentes planos fossem incompatíveis desde o início, é inevitável, o que quer que aconteça, que os planos de alguém sejam prejudicados e que tenham que ser alterados.

---

tido da proporção (em termos do custo relativo) na qual empreendedores fornecem bens de produção e os bens de consumo em uma data específica, e a proporção na qual os consumidores em geral irão, nessa data, distribuir seus recursos entre os bens de produção e de consumo (ver meus ensaios "Price Expectations, Monetary Disturbances, and Malinvestment", de 1933, reimpresso no já citado *Profits, Interest, and Investment* (p. 135-56), e no mesmo volume, "The Maintenance of Capital" (p. 83-134). A este respeito, pode ser pertinente mencionar que, no transcurso de investigações no mesmo campo, que levaram o presente autor a realizar essas especulações, as da teoria das crises, o grande sociólogo francês Gabriel de Tarde (1843-1904) enfatizou a *"contradiction de croyances"* [contradição de crenças] ou a *"contradiction de jugements"* [contradição de julgamentos] ou *"contradictions de esperances"* [contradição de esperanças] como a causa principal desses fenômenos. Ver: TARDE, Gabriel de. *Psychologie Économique*. Paris: F. Alcan, 1902. II, 128-29. Ver, também: PINKUS, Norbert Naphtali. *Das Problem des Normalen in der Nationalökonomie: Beitrag zur Erforschung der Störungen im Wirtschaftsleben*. Leipzig: Duncker & Humblot, 1906. p. 252, p. 275.

Em consequência, todo o complexo de ações sobre o período em questão não mostraria as características que se aplicariam se todas as ações de cada indivíduo pudessem ser entendidas como parte de um único plano individual, formulado desde o início[10].

---

[10] É uma questão interessante, porém que não posso discutir aqui, se, para que possamos falar de equilíbrio, cada indivíduo precise estar certo, ou se não seria suficiente que, em consequência de uma compensação dos erros em diferentes direções, as quantidades das diferentes mercadorias que entram no mercado seriam as mesmas do caso em que todos os indivíduos estivessem certos. Parece-me que o equilíbrio, em um sentido estrito, exigiria que a primeira condição fosse satisfeita, porém consigo imaginar que um conceito mais amplo, que exigisse somente a segunda condição, poderia ocasionalmente ser útil. Uma discussão mais completa deste problema deve necessariamente considerar inteiramente a questão da importância que alguns economistas – inclusive Vilfredo Pareto (1848-1923) – dão à lei dos grandes números a esse respeito. Sobre o ponto geral, ver: ROSENSTEIN-RODAN, P. N. "The Coordination of the General Theories of Money and Price". *Economica*, Volume 3 (1936): 257-80.

Capítulo 6
A Tendência ao Equilíbrio

Quando, em tudo isso, enfatizo a distinção entre a mera intercompatibilidade dos planos individuais[11] e a correspondência entre eles e os fatos externos reais ou os dados objetivos, obviamente não pretendo sugerir que a interconcordância subjetiva não seja, de alguma forma, produzida pelos fatos externos. Não haveria, claramente, razão alguma para que os dados subjetivos de diferentes pessoas devessem sempre corresponder, a menos que fossem devidos à experiência dos mesmos fatos objetivos. Mas o ponto é

---

[11] Ou a concordância entre os dados subjetivos dos diferentes indivíduos, tendo em conta que, dado o caráter tautológico da Pura Lógica da Escolha, os "planos individuais" e os "dados subjetivos" podem ser utilizados de forma intercambiável.

que a análise pura do equilíbrio não está preocupada com a maneira na qual essa correspondência é produzida. Na descrição que proporciona, de um estado existente de equilíbrio, assume-se simplesmente que os dados subjetivos coincidem com os fatos objetivos. As relações de equilíbrio não podem ser deduzidas meramente a partir dos fatos objetivos, dado que a análise do que as pessoas farão pode começar somente a partir daquilo que conhecem. Tampouco a análise do equilíbrio pode começar meramente a partir de um dado conjunto de dados subjetivos, pois os dados subjetivos de diferentes pessoas serão ou compatíveis, ou incompatíveis, isto é, determinarão desde o início se o equilíbrio existia ou não.

Não conseguiremos ir muito mais longe, aqui, a menos que perguntemos pelas razões da nossa preocupação com o reconhecidamente fictício estado de equilíbrio. O que quer que possa ter sido dito ocasionalmente por economistas que são puristas ao extremo, parece não haver dúvida possível de que a única justificativa para isso é a suposta existência de uma tendência para o equilíbrio. É somente por meio dessa asserção, de que uma tal tendência existe, que a economia deixa de ser um exercício de pura lógica e torna-se uma ciência empírica; e é para a economia como uma ciência empírica que devemos voltar-nos agora.

A Tendência ao Equilíbrio

À luz de nossa análise sobre o significado de um estado de equilíbrio, deveria ser fácil dizer qual é o verdadeiro conteúdo da afirmação de que existe uma tendência para o equilíbrio. Dificilmente pode significar algo além de que, sob certas condições, supõe-se que o conhecimento e as intenções dos diferentes membros da sociedade entram em acordo cada vez mais ou, para dizer a mesma coisa em termos menos gerais e menos exatos, porém mais concretos, que as expectativas das pessoas e particularmente dos empreendedores tornar-se-ão mais e mais corretas. Nessa forma, a afirmação da existência de uma tendência para o equilíbrio é claramente uma proposição empírica, isto é, uma asserção sobre o que acontece no mundo real e que deveria, ao menos em princípio, ser capaz de verificação. E isso confere um significado de senso comum mais propriamente plausível para nossa afirmação um tanto abstrata. O único problema é que ainda estamos praticamente no escuro com respeito a: (a) as *condições* sob as quais supõe-se que essa tendência possa existir; e (b) a natureza do *processo* por meio do qual o conhecimento individual é modificado.

Capítulo 7
Teoria sobre Aprendizado dos Agentes

As apresentações usuais da análise de equilíbrio são geralmente elaboradas de modo a parecer que as questões a respeito de como o equilíbrio emerge foram resolvidas. Mas, se olhamos mais de perto, torna-se logo evidente que essas aparentes demonstrações equivalem a não mais do que a prova aparente do que já é assumido[12]. O dispositivo geralmente adotado para este propósito é o pressuposto

---

[12] Isto parece estar implicitamente admitido, embora dificilmente reconhecido de maneira consciente, quando em tempos recentes é frequentemente enfatizado que a análise de equilíbrio descreve somente as condições do equilíbrio, sem tentar derivar a posição do equilíbrio a partir dos dados. A análise de equilíbrio neste sentido seria, obviamente, pura lógica, e não conteria asserções sobre o mundo real.

de um mercado perfeito, onde cada evento torna-se instantaneamente conhecido para todos os membros. É necessário recordar, aqui, que o mercado perfeito necessário para satisfazer aos pressupostos da análise de equilíbrio não deve estar confinado aos mercados particulares de todas as mercadorias individuais; deve-se assumir que a totalidade do sistema econômico é um mercado perfeito no qual todos conhecem tudo. O pressuposto de um mercado perfeito, portanto, não significa nada menos de que todos os membros da comunidade, mesmo que não seja necessário supor que sejam estritamente oniscientes, devam ao menos saber automaticamente tudo o que é relevante para suas decisões. Parece que esse esqueleto em nosso armário, o "homem econômico" (*Homo economicus*), o qual temos exorcizado com jejum e orações, retornou pela porta dos fundos na forma de um indivíduo quase-onisciente.

A declaração de que, se as pessoas conhecem tudo, então estão em equilíbrio, é verdadeira simplesmente porque é assim que definimos equilíbrio. O pressuposto de um mercado perfeito neste sentido é apenas uma outra maneira de dizer que o equilíbrio existe, mas não nos coloca nem sequer perto de uma explicação acerca de quando e como um tal estado ocorrerá. Está claro que, se desejamos fazer a afirmação de que, sob certas condições, as pessoas irão se aproximar desse estado, precisamos explicar por meio de qual processo adquirirão o conhecimento necessário. Obviamente, qualquer pressuposto sobre a verdadeira aquisição de conhecimento, no decorrer desse processo, também terá um caráter hipotético. Contudo, isso não significa que todos esses pressupostos justificam-se da mesma maneira. Precisamos lidar, aqui, com pressupostos sobre causação, de maneira que o que assumimos deve ser considerado não somente como possível (o que certamente não é o caso se simplesmente considerarmos as pessoas como oniscientes), mas também como provável que seja verdadeiro; e deve ser possível, pelo menos em princípio, demonstrar que é verdadeiro para casos particulares.

O ponto importante, aqui, é que são essas hipóteses aparentemente subsidiárias ou pressupostos de que as pessoas aprendem a partir da experiência, e a respeito de como adquirem conhecimento, que constituem o conteúdo empírico de nossas proposições sobre o que acontece no mundo real. Geralmente, aparecem disfarçadas e incompletas como uma descrição do tipo de mercado ao qual nossa proposição se refere; porém este é somente um aspecto, embora talvez o mais importante, do problema mais geral de como o conhecimento é adquirido e comunicado. O ponto importante, a respeito do qual os economistas frequentemente não parecem estar conscientes, é que a natureza dessas hipóteses é, em diversos aspectos, bastante diferente dos pressupostos mais gerais a partir dos quais começa a Pura Lógica da Escolha. Parece-me que as principais diferenças são duas.

Primeiro, os pressupostos a partir dos quais a Pura Lógica da Escolha se baseia são fatos que sabemos serem comuns a todo o pensamento humano. Podem ser considerados como axiomas que definem ou delimitam o campo dentro do qual somos capazes de entender ou de reconstruir mentalmente os processos de pensamento de outras pessoas. São, portanto, universalmente aplicáveis ao campo sobre o qual estamos interessados – embora, obviamente, o lugar onde encontram-se *in concreto* os limites deste campo seja uma questão empírica. Referem-se mais a um tipo de ação humana (que geralmente chamamos de "racional", ou mesmo de meramente "consciente", distintamente da ação "instintiva") do que às condições particulares sob as quais essa ação é realizada. Porém, os pressupostos ou hipóteses que precisamos introduzir quando desejamos explicar os processos sociais, referem-se à relação do pensamento de um indivíduo para com o mundo exterior, à questão de em que medida e como esse conhecimento corresponde aos fatos externos. E as hipóteses devem necessariamente funcionar em termos de afirmações a respeito de conexões causais, sobre como a experiência cria o conhecimento.

Em segundo lugar, enquanto no campo da Pura Lógica da Escolha nossa análise pode ser feita exaustivamente, isto é, enquanto podemos, aqui, desenvolver um aparato formal que abrange todas as situações concebíveis, as hipóteses suplementares devem, por força de necessidade, ser seletivas, isto é, devemos selecionar, a partir da variedade infinita de situações possíveis, aqueles tipos ideais que, por alguma razão, consideramos especialmente relevantes para as condições no mundo real[13]. Obviamente, poderíamos também desenvolver uma ciência separada, cujo objeto estaria *per definitionem* confinado a um "mercado perfeito" ou a algum objeto definido de maneira similar, assim como a Lógica da Escolha aplica-se somente a pessoas que precisam distribuir meios limitados entre uma variedade de fins. Para o campo assim definido, nossas proposições tornam-se

---

[13] A distinção desenvolvida aqui pode ajudar a resolver a antiga disputa entre economistas e sociólogos sobre o papel que os "tipos ideais" desempenham na forma de pensar da teoria econômica. Sociólogos costumavam enfatizar que o procedimento usual da teoria econômica envolvia o pressuposto de tipos ideais específicos, enquanto os teóricos da economia apontavam que seu raciocínio era de tal generalidade que não precisavam utilizar quaisquer "tipos ideais". A verdade parece ser que, dentro do campo da Pura Lógica da Escolha, no qual o economista estava grandemente interessado, estava correto em sua afirmação, mas que, tão logo quanto quisesse utilizá-la para explicar um processo social, precisaria utilizar "tipos ideais" de uma espécie ou outra.

novamente verdadeiras *a priori*. Porém, para proceder desse modo, não temos a justificativa que consiste do pressuposto de que a situação no mundo real é semelhante ao que assumimos que seja.

Capítulo 8
Aprendizado em um Mundo em Transformação

Devo, agora, voltar-me para a questão de quais são as hipóteses concretas concernentes às condições sob as quais supõe-se que as pessoas adquirem o conhecimento relevante e o processo por meio do qual supõe-se que o adquirem. Se fosse de todo claro quais foram as hipóteses geralmente empregadas a esse respeito, teríamos de analisá-las em dois aspectos: precisaríamos investigar se eram necessárias e suficientes para explicar um movimento na direção do equilíbrio e teríamos que mostrar em que medida seriam confirmadas pela realidade. No entanto, temo estar atingindo um estágio no qual torna-se extremamente difícil dizer exatamente quais são os pressupostos em cuja base afirmamos que haverá uma tendência para o equilíbrio, bem como afirmar que nossa análise tem uma aplicação ao mundo real[14]. Não posso fingir que avancei muito mais sobre este ponto. Consequentemente, tudo o que posso fazer é levantar um número de questões para as quais teremos que encontrar respostas se desejamos ser claros sobre a importância do nosso argumento.

A única condição sobre cuja necessidade para o estabelecimento de um equilíbrio os economistas parecem estar razoavelmente de acordo é a "constância dos dados". Mas, depois do que vimos sobre a impre-

---

[14] Os economistas mais antigos eram frequentemente mais explícitos a respeito deste ponto do que seus sucessores. Ver, por exemplo, Adam Smith (1723-1790): *"Entretanto, para que esta igualdade [de salários] possa ocorrer com a totalidade de suas vantagens e desvantagens, três coisas são necessárias mesmo onde há perfeita liberdade. Primeiro, o emprego deve ser bem conhecido e a vizinhança estabelecida há muito tempo [...]"* (SMITH, Adam. *An Inquiry into the Nature and Causes of the Wealth of Nations*. New York: The Modern Library, 1937. I, p. 116. [Em língua portuguesa, ver: SMITH, Adam. *A Riqueza das Nações: Investigação sobre sua Natureza e suas Causas*. Apres. Wiston Fritsh; intr. Edwin Cannan; trad. Luiz João Baraúna. São Paulo: Abril Cultural, 1983. 2v. (N. E.)]). Ou David Ricardo (1772-1823): *"Não seria resposta, para mim, dizer que os homens são ignorantes a respeito das melhores e mais baratas formas de conduzir seus negócios e pagar suas dívidas, pois isto é uma questão de fato, não de ciência, e poderia ser utilizada como argumento contrário a quase toda proposição na Economia Política"* (RICARDO, David. *Letters of David Ricardo to Thomas Robert Malthus, 1810-1823*. Oxford: Clarendon Press, 1887. October 22, 1811, p. 18).

cisão do conceito de "dado", devemos suspeitar, corretamente, que isto não nos leva muito longe. Mesmo se assumirmos – como provavelmente devemos – que aqui o termo é empregado em seu sentido objetivo (o qual inclui, devemos recordar, as preferências dos diferentes indivíduos), não está de forma alguma claro que isto é necessário ou suficiente para que as pessoas possam realmente adquirir o conhecimento necessário, ou que foi concebido como uma declaração das condições sob as quais o farão. É bastante significativo que, de qualquer modo, alguns autores consideram necessário acrescentar "conhecimento perfeito" como uma condição adicional e separada[15]. De fato, veremos que a constância dos dados objetivos não é uma condição nem necessária, nem suficiente. Que não pode ser uma condição necessária segue-se a partir dos fatos, primeiro, que ninguém desejaria interpretá-la no sentido absoluto de que nada jamais deve acontecer no mundo e, segundo, que, conforme vimos, assim que desejarmos incluir mudanças que ocorrem periodicamente, ou talvez mesmo mudanças que avançam a uma taxa constante, a única maneira pela qual podemos definir constância é com relação às expectativas. Tudo ao que esta condição equivale,

---

[15] Ver: KALDOR, N. "A Classificatory Note on the Determinateness of Equilibrium". *Review of Economic Studies*, Volume I, Number 2 (1934): 122-36. Cit. p. 123.

então, é que deve haver alguma regularidade discernível no mundo, que torna possível prever eventos corretamente. Contudo, enquanto isso claramente não é suficiente para provar que pessoas aprenderão a prever eventos corretamente, o mesmo é verdade em um grau dificilmente menor mesmo sobre a constância dos dados em um sentido absoluto. Para um indivíduo qualquer, a constância dos dados não significa de forma alguma constância de todos os fatos independentes dele, dado que, obviamente, somente os gostos e não as ações das outras pessoas podem, nesse sentido, ser assumidos como constantes. Dado que todas as demais pessoas modificarão suas decisões à medida em que ganham experiência sobre os fatos externos e sobre as ações das outras pessoas, não há razão para que esses processos de mudanças sucessivas devam eventualmente terminar. Essas dificuldades são bem conhecidas[16], e menciono-as aqui somente para recordar do quão pouco realmente conhecemos acerca das condições sob as quais um equilíbrio será alguma vez alcançado. Entretanto, não sugiro continuar nesta linha de abordagem, embora não porque essa questão da probabilidade empírica de que as pessoas aprenderão (isto é, que seus dados subjetivos virão a corresponder entre si e com os fatos objetivos) careça de problemas não resolvidos e

---

[16] Idem. *Ibidem*. *Passim*.

altamente interessantes. A razão, em vez disso, é que parece-me que há outra forma, mais proveitosa, de abordar o problema central.

Capítulo 9
A Divisão do Conhecimento

As questões que acabei de discutir a respeito das condições sob as quais torna-se provável que as pessoas adquiram o conhecimento necessário, e o processo por meio do qual elas o adquirem, têm ao menos recebido alguma atenção em discussões passadas. Porém ainda há uma questão adicional que parece-me ser ao menos igualmente importante, mas que parece não ter recebido nenhuma atenção, e trata-se de quanto conhecimento e de que tipo de conhecimento os diferentes indivíduos devem ter para que possamos ser capazes de falar em equilíbrio. Está claro que, se o conceito deve ter qualquer importância empírica, não pode pressupor que todos conhecem tudo. Já precisei utilizar o termo indefinido "conhecimento relevante", isto é, o conhecimento que é pertinente para uma pessoa em particular. Mas qual é esse conhecimento relevante? Dificilmente pode referir-se meramente ao conhecimento que realmente influenciou suas ações, pois suas decisões poderiam ter sido diferentes não somente se, por exemplo, o conhecimento que detinha fosse correto ao invés de incorreto mas, também, caso tivesse detido conhecimento sobre campos totalmente diferentes.

Claramente, existe aqui um problema de *divisão do conhecimento*[17], o qual é completamente análogo, e ao menos tão importante quanto o problema da divisão do trabalho. Contudo, enquanto este último tem sido um dos principais temas de investigação

---

[17] Ver: MISES, Ludwig von. *Die Gemeinwirtschaft: Untersuchungen über den Sozialismus*. Jena: G. Fischer, 1932. p. 96: *"Die Verteilung der Verfügungsgewalt über die wirtschaftlichen Güter der arbeitsteilig wirtschaftenden Sozialwirtschaft auf viele Individuen bewirkt eine Art geistige Arbeitsteilung, ohne die Produktionsrechnung und Wirtschaft nicht möglich wäre"*. [*"A distribuição do poder de dispor sobre os bens econômicos no mercado, que divide o trabalho entre muitos indivíduos, produz uma espécie de divisão mental do trabalho, sem a qual a contabilidade e a produção não seriam possíveis"*. O livro será lançado em português pela LVM Editora com o título *Socialismo: Uma Análise Econômica e Sociológica*. A obra atualmente se encontra esgotada em alemão, mas está disponível na seguinte edição em inglês: MISES, Ludwig von. *Socialism: An Economic and Sociological Analysis*. Pref. F. A. Hayek; trad. J. Kahane. Indianapolis: Liberty Fund, 1992. (N. E.)]

mesmo desde o início de nossa ciência, o primeiro tem sido completamente negligenciado, embora pareça-me ser o problema verdadeiramente central da economia como uma ciência social. O problema que pretendemos resolver é como a interação espontânea entre uma quantidade de pessoas, cada qual detendo somente porções de conhecimento, produz um estado de coisas no qual os preços correspondem aos custos etc., e que poderia ser gerado através de controle deliberado somente por alguém que detivesse o conhecimento combinado de todos esses indivíduos. A experiência nos mostra que algo desse tipo acontece, dado que a observação empírica de que os preços de fato tendem a corresponder aos custos foi o início de nossa ciência. Entretanto, em nossa análise, ao invés de mostrar quais conjuntos de informação as diferentes pessoas devem ter para produzir esse resultado, efetivamente caímos de volta no pressuposto de que todos conhecem tudo e, assim, evitamos qualquer solução real para o problema.

Antes, contudo, de poder avançar para considerar essa divisão do conhecimento entre pessoas diferentes, é necessário ser mais específico a respeito do tipo de conhecimento que é relevante nessa conexão. Tornou-se usual entre economistas enfatizar somente a necessidade do conhecimento dos preços, aparentemente porque – como uma consequência das confusões entre dados objetivos e subjetivos – o conhecimento completo dos fatos objetivos era dado como certo. Em tempos recentes, mesmo o conhecimento dos preços correntes tem sido tão considerado como dado que a única conexão na qual a questão do conhecimento tem sido considerada como problemática é a antecipação dos preços futuros. Contudo, conforme já indiquei no começo deste ensaio, expectativas de preços, e mesmo o conhecimento dos preços correntes, são apenas uma parte muito pequena do problema do conhecimento tal como o entendo. O aspecto mais amplo do problema do conhecimento, com o qual preocupo-me, é o conhecimento do fato básico a respeito de como as diferentes mercadorias podem ser obtidas e utilizadas[18], e sob quais condições são realmente obtidas e utilizadas, isto é, a questão geral de por que os dados subjetivos das diferentes pessoas correspondem aos fatos objetivos.

---

[18] Conhecimento, neste sentido, é mais do que costuma descrever-se como habilidade, e a divisão de conhecimento sobre a qual estamos falando refere-se a mais do que se entende por divisão do trabalho. Para colocar brevemente, "habilidade" refere-se somente ao conhecimento que uma pessoa utiliza em seu ofício, enquanto o outro conhecimento, a respeito do qual devemos saber alguma coisa para sermos capazes de dizer qualquer coisa que seja sobre os processos na sociedade, é o conhecimento das possibilidades alternativas de ação das quais essa pessoa não faz uso direto. Pode ser acrescentado que o conhecimento, no sentido no qual o termo é empregado aqui, é idêntico à previsão somente no sentido em que todo conhecimento é capacidade de prever.

A Divisão do Conhecimento

Nosso problema do conhecimento, aqui, é exatamente a existência dessa correspondência que, em grande parte da análise de equilíbrio atual, é simplesmente assumida como algo que existe, mas que precisamos explicar se desejamos mostrar por que as proposições, as quais são necessariamente verdadeiras sobre a atitude de uma pessoa para com as coisas que acredita que têm certas propriedades, deveriam ser também verdadeiras sobre as ações da sociedade com respeito às coisas que, ou têm essas propriedades, ou sobre as quais, por alguma razão que devemos explicar, os membros da sociedade normalmente acreditam que as tenham[19].

---

[19] Que todas as proposições da teoria econômica refiram-se a coisas que são definidas em termos das atitudes humanas com respeito a elas, isto é, que o "açúcar" sobre o qual a teoria econômica pode falar ocasionalmente seja definido não por suas qualidades "objetivas", mas sim pelo fato de que as pessoas acreditam que servirá a algumas de suas necessidades é, de certo modo, a origem de toda sorte de dificuldades e confusões, particularmente em relação com o problema da "verificação". É também, claramente, a este respeito, que o contraste entre a ciência social interpretativa (*Verstehen*) e a abordagem behaviorista torna-se tão evidente. Não estou certo de que os behavioristas nas ciências sociais estejam completamente cientes do quanto da abordagem tradicional teriam que abandonar se quisessem ser consistentes, ou de se desejariam consistentemente aderir a ela caso estivessem cientes disto. Isto, por exemplo, implicaria que proposições da teoria da moeda teriam que referir-se exclusivamente a, digamos, "discos de metal que possuem uma certa estampa", ou algum objeto ou grupo de objetos definido fisicamente de forma similar.

Mas, para voltar ao problema específico que venho discutindo, sobre a quantidade de conhecimento que indivíduos diferentes devem deter para que o equilíbrio possa prevalecer (ou o conhecimento "relevante" que precisam deter): chegaremos mais perto de uma resposta se recordarmos como pode ser compreensível ou que o equilíbrio não existia, ou que está sendo perturbado. Vimos que as conexões de equilíbrio serão interrompidas se qualquer pessoa modificar seus planos, seja porque seus gostos mudaram (o que não nos preocupa aqui), ou porque passou a conhecer novos fatos. Porém há, evidentemente, duas maneiras diferentes por meio das quais pode aprender sobre novos fatos e que a levam a mudar seus planos, as quais, para nossos propósitos, apresentam significados totalmente diferentes. Pode aprender sobre os novos fatos como se fosse por acidente, isto é, de uma maneira que não é consequência necessária de sua tentativa de executar o plano original, ou pode ser inevitável que, no transcurso de sua tentativa, tenha descoberto que os fatos são diferentes do que esperava. É óbvio que, para que possa continuar de acordo com o plano, seu conhecimento precisa ser correto somente a respeito dos pontos sobre os quais será necessariamente confirmado ou corrigido no transcurso da execução do plano. Porém essa pessoa pode não ter nenhum conhecimento de coisas que, se tivesse, certamente afetaria seu plano.

A conclusão, portanto, que devemos tirar, é que o conhecimento relevante que a pessoa deve deter para que o equilíbrio possa prevalecer é o conhecimento que é obrigado a adquirir levando em conta a posição na qual encontra-se originalmente, e os planos que então formula. Certamente, não é todo o conhecimento que, caso o adquirisse por acidente, lhe seria útil e a levaria a modificar seu plano. Podemos, portanto, ter muito bem uma posição de equilíbrio somente porque algumas pessoas não têm chance de aprender sobre fatos que, se conhecessem, teriam feito com o fato de que alterassem seus planos. Ou, em outras palavras, é provável que um equilíbrio seja atingido somente com respeito ao conhecimento que uma pessoa é obrigada a adquirir no transcurso de sua tentativa de realizar seu plano original.

Enquanto uma tal posição representa, em um certo sentido, uma posição de equilíbrio, está claro que não é um equilíbrio no sentido especial, no qual é considerado como um tipo de posição ótima. Para que os resultados da combinação de fragmentos de conhecimento sejam comparáveis aos resultados da direção por um ditador onisciente, aparentemente mais condições devem ser introduzidas[20]. Embora

---

[20] Essas condições são geralmente descritas como ausência de "atritos". Em um artigo publicado recentemente, Frank H. Knight observa corretamente que "erro" é o significado usual de atrito nas discussões econômicas. Ver: KNIGHT, Frank H. "Quantity of

possa ser possível definir a quantidade de conhecimento que os indivíduos deveriam ter para que o seu resultado possa ser atingido, não tenho conhecimento a respeito de alguma tentativa real nesta direção. Uma condição seria, provavelmente, que cada um dos usos alternativos de qualquer tipo de recursos seja conhecido pelo proprietário de alguns desses recursos que realmente são utilizados para um outro propósito e que, desta maneira, todos os diferentes usos desses recursos estejam conectados, seja direta ou indiretamente.[21] Contudo, menciono essa condi-

---

Capital and the Rate of Interest, II". *Journal of Political Economy*, Volume 44, Number 5 (1936): 612-42. Cit. p. 638.

[21] Esta seria uma condição, porém provavelmente ainda não uma condição suficiente, para assegurar que, em um dado estado da demanda, a produtividade marginal dos diferentes fatores de produção em seus diferentes usos deveria ser equalizado e que, neste sentido, um equilíbrio da produção deveria surgir. Que não seja necessário, como poderíamos pensar, que toda utilização alternativa possível de qualquer tipo de recursos deva ser conhecida por pelo menos um entre os proprietários de cada grupo de tais recursos que são utilizados para um propósito particular, deve-se ao fato de que as alternativas conhecidas pelos proprietários dos recursos em uma utilização particular refletem-se nos preços desses recursos. Desta maneira, poderia haver uma distribuição suficiente do conhecimento dos usos alternativos, $m, n, o, ..., y, z$ de uma mercadoria, se A, que utiliza a quantidade desses recursos que estão em sua posse para m, conhece a respeito de n, e B, que utiliza os seus para n, conhece m, enquanto C, que utiliza os seus para o, conhece os de n e assim por diante, até chegarmos a L, que utiliza os seus para z, mas conhece somente a respeito de y. Para mim, não é claro em que medida, para além disto, uma distribuição par-

ção somente como um exemplo de como poderá, na maior parte dos casos, ser suficiente que, em cada campo, exista uma certa margem de pessoas que tenham, entre si, todo o conhecimento relevante. Elaborar isto ainda mais seria uma tarefa interessante e muito importante, porém seria uma tarefa que excederia os limites deste artigo.

Embora minhas colocações sobre este ponto tenham assumido, na maior parte, a forma de uma crítica, não desejo parecer inadequadamente desanimado a respeito do que já conseguimos realizar. Mesmo que tenhamos saltado por cima de um ponto essencial em nosso argumento, ainda acredito que, pelo que está implícito em seu raciocínio, a economia chegou mais perto do que qualquer outra ciência social de uma resposta para a questão central de todas as ciências sociais: como é possível que a combinação de fragmentos de conhecimento existentes nas diferentes mentes possa produzir resultados que, para serem provocados de forma deliberada, exigiriam um conhecimento da parte da mente dirigente que nenhum indivíduo pode ter? Mostrar que, neste sen-

---

ticular do conhecimento das diferentes proporções seja necessária e na qual fatores diferentes podem ser combinados para produção da mercadoria de qualquer um. Para o equilíbrio completo, serão exigidos pressupostos adicionais a respeito do conhecimento que os consumidores possuem sobre a utilidade das mercadorias para a satisfação de seus desejos.

tido, as ações espontâneas dos indivíduos irão, sob condições que podemos definir, produzir uma distribuição de recursos que pode ser entendida como se estivesse seguindo um único plano, embora ninguém o tenha planejado, parece-me de fato uma resposta ao problema que tem sido metaforicamente descrito, algumas vezes, como o problema da "mente social". Porém não devemos nos surpreender com que tais afirmações tenham sido geralmente rejeitadas, dado que não as baseamos nos fundamentos corretos.

Ainda há mais um ponto, nesta conexão, que desejo mencionar. Trata-se de que, se a tendência para o equilíbrio, a qual, com embasamento empírico, temos razões para acreditar que existe, for somente em direção a um equilíbrio relativo ao conhecimento que as pessoas adquirem no transcurso de sua atividade econômica, e se qualquer outra mudança no conhecimento deve ser considerada como uma "mudança nos dados" no sentido usual do termo, o qual fica de fora da esfera da análise de equilíbrio, isto significaria que a análise de equilíbrio realmente não pode nos dizer nada acerca do significado de tais mudanças no conhecimento, e também estaria longe de poder explicar o fato de que a pura análise parece ter extraordinariamente tão pouco a dizer sobre as instituições, tais como a imprensa, cujo propósito é comunicar conhecimento. Isso poderia mesmo explicar por que a preocupação com a análise pura cria, com tanta frequência, uma cegueira peculiar com respeito ao papel desempenhado, na vida real, por instituições tais como a propaganda.

Capítulo 10
Observações Finais

Com tais observações bastante desordenadas sobre tópicos que mereceriam um exame muito mais cuidadoso, devo concluir minha visão geral desses problemas. Há somente mais uma ou duas observações que desejo acrescentar.

Uma é que, ao enfatizar a natureza das proposições empíricas que devemos utilizar para que o aparato formal da análise de equilíbrio possa servir para explicar o mundo real, e ao acentuar que as proposições a respeito de como as pessoas aprendem, que são relevantes a esse respeito, são de uma natureza fundamentalmente diferente daquela que existe na análise formal, não tenho a intenção de sugerir que abre-se, aqui e agora, um amplo campo para a pesquisa empírica. Tenho sérias dúvidas sobre se uma tal investigação seria capaz de ensinar-nos algo de novo. O ponto importante é, mais propriamente, que devemos estar conscientes sobre quais são as questões das quais de fato depende a aplicabilidade do nosso argumento para o mundo real, ou, para dizer o mesmo em outras palavras, em qual ponto nosso argumento, quando aplicado aos fenômenos do mundo real, torna-se sujeito a verificação.

O segundo ponto é que, obviamente, não desejo sugerir que os tipos de problemas que venho discutindo eram estranhos aos argumentos dos economistas das gerações anteriores. A única objeção que pode ser feita contra eles é que têm misturado de tal maneira os dois tipos de proposições, as *a priori* e as empíricas, que todo economista realista utiliza constantemente, que é, com frequência, totalmente impossível verificar que tipo de validade reivindicaram para alguma afirmação particular. Trabalhos mais recentes têm estado livres deste problema – porém somente ao preço de tornar mais e mais obscuro que tipo de relevância seus argumentos apresentam para os fenômenos do mundo real. Tudo o que tentei fazer foi encontrar o caminho de volta para o significado de senso comum de nossa análise, o qual, temo, estamos propensos a perder de vista à medida em que nossa análise torna-se mais elaborada. O leitor pode mesmo ter a sensação de que a maior parte de mi-

Observações Finais

nhas colocações são lugar-comum. Mas, de tempos em tempos, é provavelmente necessário distanciar-se das tecnicalidades do argumento e perguntar, ingenuamente, a respeito do que se trata, no fim das contas. Se tiver conseguido mostrar não somente que, em alguns aspectos, a resposta para essa questão não é óbvia, porém também que, ocasionalmente, nem mesmo sabemos muito bem qual é, então obtive sucesso em meu propósito.

Índice Remissivo e Onomástico

A

Ação humana, 56
Antevisão, 43-48
Aprendizado, 11-13, 15-19, 53-63
Assimetria de informações, 20
Atividade competitiva, 17
Ausência de "atritos", 71
Ausência de mudança, 42

C

Cálculo de lucros e perdas, 19
Cálculo econômico socialista, 16
Ciclos econômicos, 13, 15, 17

Conhecimento perfeito, 61
Criatividade, 13
Competição imperfeita, 27
Competição perfeita, 19
Custo marginal, 16
Custo relativo, 47

D

Dados objetivos, 41-42, 43, 49, 61, 67
Dados subjetivos, 40, 41, 49-50, 62, 67, 68
Descoberta, 19
Divisão do conhecimento, 66, 67
Divisão do trabalho, 66, 68
Duopólio, 27

E

Economics and Knowledge [*Economia e Conhecimento*], de F. A. Hayek, 9, 10, 17, 18, 21
Elementos mentais, 13-14
Equilíbrio, 11, 15-16, 19, 25-29, 31-33, 35-37, 41, 42, 43-48, 50-51, 53, 54, 59, 60, 62, 65, 69, 70, 71, 72, 73, 74, 77
Equilíbrio competitivo, 19
Equilíbrio intertemporal, 16, 43-48
Estado de equilíbrio, 40, 41, 43, 44, 45, 46, 50, 51
Estado estacionário, 44
Expectativas, 13, 14, 15, 16, 25-30, 36, 41, 42, 43, 51, 61, 68,
Experiência, 49, 55, 56, 62, 67

F

Falsificação, 26
Fatos externos reais, 49
Filosofia, 11, 20
Flutuações industriais, 27
Fluxo contínuo de mudanças, 16

H

Hayek, F. A. [Friedrich August von] (1899-1992), 9, 11, 12, 13, 15, 16, 17, 18, 19, 42, 44, 45
Hipóteses, 12, 14, 18, 20, 55, 56, 57, 59
Homem econômico (*Homo economicus*), 54

I

Informação assimétrica, 19
Investimento, 44, 46

K

Knight, Frank H. (1885-1972), 27, 45, 71

L

Liberdade empresarial, 19
Lógica, 29, 30, 50, 53

M

Marshall, Alfred (1842-1924), 44
Matemática, 29, 30

Meaning of Competition, The [*O Significado da Competição*], de F. A. Hayek, 18
Mercado perfeito, 54, 57
Mises, Ludwig von (1881-1973), 13, 32, 33, 66
Moeda, 12, 27

O

Oligopólio, 27
Ordem, 12

P

Pareto, Vilfredo (1848-1923), 48
Planos individuais, 36, 40, 49
Poupança, 46
Preços, 18, 19, 44, 67, 68, 72
Preferências, 13, 32, 61
Previsão, 26, 27, 28, 45, 46, 68
Problema da "mente social", 74
Pura Lógica da Escolha, 29, 38, 49, 56, 57

R

Ricardo, David (1772-1823), 60
Risco, 27

S

Smith, Adam (1723-1790), 60
Socialismo de mercado, 16, 17
Sociologia, 37
Subjetivismo, 15
Subjetivismo radical, 14

T

Tarde, Gabriel de (1843-1904), 47
Tautologias, 25, 28
Tipos ideais, 57

U

Use of Knowledge in Society, The [*O Uso do Conhecimento na Sociedade*], de F. A. Hayek, 9, 18

V

Verificação, 26, 51, 69, 78
Visão mecanicista, 16

W

Wettbewerb als Entdeckungsverfahren, Der [*Competição como um Procedimento de Descoberta*], de F. A. Hayek, 19

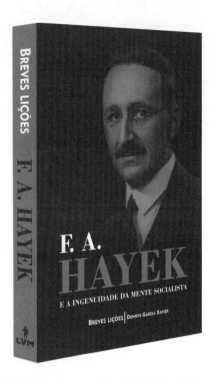

O filósofo, jurista e economista F. A. Hayek, laureado em 1974 com o Prêmio Nobel de Economia, é o objeto do primeiro volume da *Coleção Breves Lições*, cujo proposito é apresentar com linguagem acessível e cientificamente correta, a um público leitor mais amplo e variado, as linhas gerais do pensamento dos mais importantes autores liberais ou conservadores em um enfoque interdisciplinar. Ao reunir uma seleção de textos de diferentes especialistas brasileiros, F. A. Hayek e a Ingenuidade da Mente Socialista é a melhor introdução ao pensamento hayekiano disponível em língua portuguesa. Organizado pelo filósofo Dennys Garcia Xavier, o livro reúne ensaios do próprio organizador, bem como do historiador Alex Catharino, do jornalista Lucas Berlanza, e dos economistas Fabio Barbieri e Ubiratan Jorge Iorio, dentre outros.

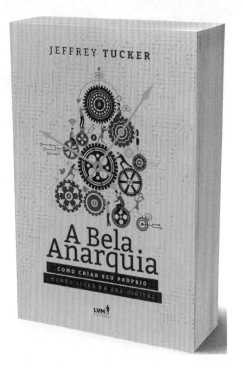

A Bela Anarquia é o hino rapsódico de Jeffrey Tucker sobre o maravilhoso período de inovações em que vivemos, além de um chamado para usarmos as ferramentas tecnológicas como instrumento para ampliar a liberdade humana e acabar com a dependência das pessoas em relação aos poderes coercitivos estatais. A obra cobre os usos das mídias sociais, a obsolescência do Estado-nação, o modo como o governo está destruindo o mundo físico, o papel do comércio na salvação da humanidade, as depredações da política monetária governamentais e o mal da guerra, bem como a mentira da segurança nacional e o papel das sociedades privadas como agentes de libertação. É um livro atual, conciso e anedótico.

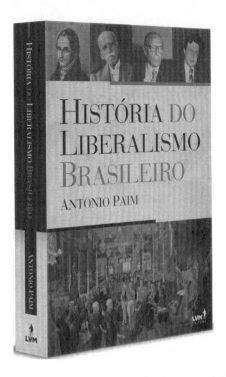

A trajetória pessoal e o vasto conhecimento teórico que acumulou sobre as diferentes vertentes do liberalismo e de outras correntes políticas, bem como os estudos que realizou sobre o pensamento brasileiro e sobre a história pátria, colocam Antonio Paim na posição de ser o estudioso mais qualificado para escrever a presente obra. O livro *História do Liberalismo Brasileiro* é um relato completo do desenvolvimento desta corrente política e econômica em nosso país, desde o século XVIII até o presente. Nesta edição foram publicados, também, um prefácio de Alex Catharino, sobre a biografia intelectual de Antonio Paim, e um posfácio de Marcel van Hattem, no qual se discute a influência do pensamento liberal nos mais recentes acontecimentos políticos do Brasil.

Acompanhe a LVM Editora nas redes sociais

 https://www.facebook.com/LVMeditora/

https://www.instagram.com/lvmeditora/

Esta obra foi composta pela BR75
na família tipográfica Sabon e impressa em Pólen 80 g.
pela PlenaPrint Gráfica para a LVM em julho de 2019